AF230541

LA FRANCE

ET SON ROI.

Tous les exemplaires qui ne seront pas revêtus
de ma signature, seront réputés contrefaits.

DE L'IMPRIMERIE DE J.-B. IMBERT.

LA FRANCE

ET SON ROI,

PAR M. GILIBERT DE MERLHIAC,

Officier de Marine, Membre de la Société royale académique des Sciences de Paris, de la Société royale des Antiquaires de France, etc.

At..... Pro scelere.... Pro talibus ausis,
Dii (si qua est cœlo pietas, quæ talia curet)
Persolvant grates dignas, et premia reddant
Debita.

VIRG. AEneid. Lib. II.

PARIS;

ALEXIS EYMERY, libraire, rue Mazarine, n.o 3o.
DELAUNAY, }
PELLICIER, } au Palais-Royal.

1815.

PRÉFACE.

On a débité depuis plus de trois mois, une infinité de mensonges et de calomnies sur la marche et les intentions du Gouvernement que la Providence vient de nous rendre encore. On a fait plus, on a mis en jeu toutes les manœuvres de l'intrigue et du charlatanisme politique, pour faire croire aux étrangers que la France était avilie au point de repousser le gouvernement paternel et national des Bourbons. J'ai vivement partagé l'indignation que ces impostures et toutes ces menées excitèrent dans le cœur des vrais Français; c'est ce sentiment qui m'a fait entreprendre la tâche, sans doute au-dessus de mes forces, de désabuser ceux de mes compatriotes qui peuvent être égarés, et de défendre, devant les étrangers, l'honneur français si indignement calomnié. Puissé-je avoir réussi ! L'on verra, dans la conduite de notre Roi en France, et pendant son dernier exil, combien ce monarque était vraiment Français, et combien la nation, opprimée par le plus cruel despotisme, regrettait son gouvernement paternel.

LA FRANCE ET SON ROI.

CHAPITRE PREMIER.

Du Vœu national.

La postérité seule sera à même de connaître un jour, et de marquer du sceau de l'infamie le petit nombre de factieux et de vétérans de la révolution qui ont causé les derniers désastres de la patrie. Plus Français que tous ces hypocrites de patriotisme, j'aime mon pays avant tout, et je pense qu'on doit toujours le servir non pas dans les intérêts de telle faction ou de tel ambitieux auquel peuvent se rattacher des espérances personnelles, mais dans les intérêts mêmes de la patrie. Lorsque la France se reposait, sous l'égide paternelle du meilleur des Rois, de ses longs malheurs, de ses cruels bouleversemens, je pensais, avec tous les bons citoyens, que nous étions aussi heureux que nous pouvions l'être; et à la vue de l'accroissement rapide de la prospérité nationale, je ne concevais même pas l'idée que nous étions avilis, malheureux et sur le bord de l'abîme; j'étais encore bien plus loin de penser que la France, tranquille et libre sous son Roi, rappelait par ses vœux le perturbateur du genre humain et le despote le plus absolu. Témoin oculaire du coup de main par lequel Bonaparte escalada le trône, je fus aussi surpris qu'indigné de voir cet homme publier qu'il avait été porté à Paris dans les bras *de son peuple*, et que *le vœu national* se prononçait de toutes parts en sa faveur. Cette nouvelle insulte que Bonaparte adressait encore à la France, est peut-être l'outrage le plus sanglant qu'il nous ait jamais fait, celui qui excita le plus d'indignation dans le cœur des vrais Français. Si tous les fourbes qui ont sans cesse dans la bouche les grands mots d'honneur, de gloire, de patrie, avaient eu un moment l'ombre de quelques sentimens patriotiques, ils auraient éprouvé avec tous les véritables *patriotes* un vif sentiment de honte, de dépit et de fureur, en voyant un Roi vertueux, recommandable par ses talens et le bien qu'il nous avait fait, forcé de fuir sur une terre étrangère, et annoncer par sa seule présence, à nos voisins, que nous n'étions pas dignes de vivre sous les lois paternelles d'un bon prince, que nous ne savions pas l'apprécier, et que notre inclination perverse nous portait à ramper sous un homme trop bien connu par les excès de sa tyrannie, pour en espérer un avenir heureux pour nous et tranquille pour les autres : voilà la tache flétrissante dont ces prétendus *bons Français* cherchent à couvrir la nation depuis trois mois ; voilà l'idée qu'ils voulaient inspirer à l'Europe d'un peuple généreux et spirituel ; voilà le complément de gloire qu'ils nous réservaient. Mais le cri de la France entière démentit bientôt ces mensonges calomnieux. Opprimée par une armée dont la très-grande majorité fut plutôt égarée que coupable, menacée dans l'intérieur par les cris sanguinaires de la horde anarchique, paralysée par la masse des indifférens, et le parti encore nombreux des vrais napoléonistes, la France, malgré ces forces imposantes qui se réunissaient toutes contre elle autour de l'usurpateur, se prononça, et l'immense majorité de ses habitans se trouva royaliste, se trouva digne du Roi. Telle fut la véritable situation de notre patrie : je ne crains point d'être démenti par l'homme impartial, et j'en appelle aux adhérens même de Bonaparte. J'ai vu débarquer cet homme en Provence ; j'ai vu circuler dans Toulon, dans Marseille, ses proclamations, ses promesses fallacieuses. Je vais tracer rapidement, et avec sincérité, ce qui s'est passé, et l'effet que produisirent ses impostures.

Parti de l'île d'Elbe, où depuis quelque temps il n'était plus surveillé, Bonaparte traverse la mer avec une flottille portant onze cents hommes ; il rencontre un brick du Roi, qui ne peut, dit-on, s'opposer à son passage, et arrive devant Canne. Le maire de cette petite ville se refuse avec courage à le reconnaître, en déclarant qu'il cédera à la force militaire. Bonaparte débarque dans ce lieu, qui n'était point gardé ; et quelques-uns de ses satellites, qui se présentent devant Antibes, y sont faits prisonniers. Il se met en marche, et à l'instant les habitans de la ville de Grasse courent aux armes ; et quoiqu'ils ne soient point organisés, ils prennent la résolution de s'opposer à sa marche. Bientôt Bonaparte se présente, et la supériorité de ses forces rend toute résistance inutile. Mais personne ne se joint à lui, et il est de fait qu'il ne fut accueilli par aucune acclamation ; il n'eut pas même assez de crédit pour engager à le suivre un militaire à demi-solde, malgré les offres brillantes qu'il fit faire à cet officier. Bonaparte part de Grasse, et parcourt, avec la rapidité de l'éclair, un pays où il ne se trouve aucune ville, où il n'avait été pris aucune espèce de dispositions pour l'arrêter, et dont les habitans, la plupart désarmés, sans chefs militaires, sans aucun point de ralliement, n'eurent point le temps de se rassembler, de s'armer, et apprenaient l'existence de Bonaparte en France au moment même où il entrait dans leurs villages. Il était déjà loin, lorsque le bruit de son arrivée se répandit à Toulon, à Marseille, et dans toute la Provence.

Vous qui prétendez que Bonaparte fut accueilli comme un Roi adoré, comme un triomphateur, avez-vous été témoins du mouvement terrible qui se manifesta alors dans ces contrées? Non; car vous n'auriez pas calomnié l'esprit national, et vous auriez gardé un silence prudent au milieu d'un peuple qui témoigna son amour pour le meilleur des Rois par une explosion, si je puis me servir de ce terme, qui tenait presque du délire. Jeunes gens, vieillards, magistrats, cultivateurs, négocians, riches ou pauvres, tous coururent aux armes : il est prouvé que des villages furent déserts et abandonnés en un seul jour par leurs habitans, qui accouraient dans les divers chef-lieux pour s'enrôler et demander des armes; et si, par des manœuvres aussi coupables qu'insidieuses, on n'eût pas contenu pendant cinq jours notre patriotisme, une masse immense enveloppait Bonaparte malgré la rapidité de sa marche, et il était pris à Saint-Bonet, où il fut obligé de s'arrêter quelque temps, et où il n'avait pas encore rallié à son aigle des soldats parjures. Quand Bonaparte se vit maître de Grenoble et de Lyon au moyen d'une défection militaire qui n'a peut-être pas d'exemple, lorsque tout semblait s'aplanir devant lui, la seule présence du duc d'Angoulême suffit pour ranimer l'espérance abattue des fidèles habitans du Midi. En vain la trahison de Ney lui ouvre le chemin de Lyon à Paris; en vain la défection totale de l'armée était évidente, puisqu'il vint, pour ainsi dire, de Canne à Paris entre deux haies de soldats et non point dans les bras du peuple, qui n'était armé que contre lui. Cette désespérante et cruelle situation ne fit point varier le *vœu national*, et le duc d'Angoulême se trouva, en moins de dix jours, à la tête d'une armée *toute nationale* qui s'assembla autour de lui à Nîmes. Les affaires de Montelimart, de Livron, du pont de la Drôme et de Romans, où l'on a vu, d'une part, les satellites de Bonaparte soutenant *seuls* la cause de leur maître, culbutés, battus et chassés de porte en porte par l'armée du peuple, dont le digne neveu de Louis XVIII partagea la gloire et tous les dangers ; ces affaires, dis-je, ont assez prouvé que si, dans la plupart des provinces, le peuple avait eu seulement six semaines pour s'organiser militairement, le *vœu national* aurait triomphé du vœu non pas de l'armée (car c'est encore une fausseté de soutenir que toute l'armée fut parjure), mais du vœu d'une minorité factieuse de soldats et de généraux dont l'exemple, l'esprit de corps et un faux point d'honneur entraînèrent dans la défection le reste de leurs camarades. Que pouvait on espérer, en effet, d'une armée rassemblée en peu de jours et presque spontanément, dont la plupart des soldats n'avaient point fait la guerre, et dont le noyau était composé de quelques régimens de ligne qui furent séduits au moment même où le duc d'Angoulême était sur le point d'obtenir des succès décisifs ? Le prince, abandonné des troupes de ligne, à l'exception cependant du 10ᵉ, que son inébranlable fidélité a couvert de gloire et d'honneur (1), n'était plus en état de lutter et même

____

(1) Presque tous les officiers du 10ᵉ de ligne donnèrent leur

de se maintenir avec ses braves volontaires contre des armées et des généraux consommés dans le métier de la guerre et familiarisés avec la victoire ; d'ailleurs, ses communications étaient coupées avec le corps du général Ernouf, qui défendait avec courage et fidélité le point de Sisteron, et qui finit par se trouver dans la même position que lui. Des régimens avaient été disposés sur la plupart des routes du Languedoc, de la Provence et du Comtat, afin d'arrêter les divers renforts qui accouraient à l'armée royale, recevoir le *vœu national et faire voler le drapeau tricolore de clocher en clocher.* Toulon, important sous tous les rapports, et d'autant plus en ce moment, que le prince en pouvait tirer beaucoup de munitions, venait d'être livré à Bonaparte. Les paysans protestans des environs de Nîmes et des Cévennes montraient les plus mauvaises dispositions, et commirent depuis, sur les débris de l'armée royale, des cruautés et des brigandages horribles. Les officiers à demi-solde, dans la plupart des villes de leur résidence, et notamment à Nîmes, se livraient à tous les excès de la sédition, et les excitaient parmi les basses classes du peuple : les agens de la malveillance s'agitaient dans tous les sens, semaient des nouvelles alarmantes ; et le peuple, comme son prince, désarmé, divisé, sans aucun secours, trahi de tous côtés, fut obligé de céder à cet orage inattendu. De nombreuses légions parcoururent ces provinces désolées ; dans toutes les villes, ces soldats infidèles trouvaient un petit nombre de mécontens, derniers débris des clubs et des co-

---

démission lorsque Bonaparte fut arrivé à Paris. Ils furent remplacés par des hommes nommés par lui.

mités révolutionnaires , qui se réunissaient à eux, et qui, par leurs clameurs sinistres, répandaient l'effroi et la consternation chez tous les citoyens. Dans les villages, dans les villes, sur les grandes routes, on voyait s'agiter et circuler des hommes dont on se rappelait confusément les traits, pour les avoir remarqués au sein des troubles révolutionnaires. L'on m'a fait remarquer à moi-même, à Toulon, quelques-uns de ces visages hideux que l'on n'avait point revus depuis vingt-trois ans, que l'on croyait morts, et qui, après avoir figuré d'une manière affreuse dans les mitraillades de cette ville, avaient depuis cette époque enseveli leur existence dans des villages des Alpes ou des Pyrénées. Cette engeance sanguinaire commença à pulluler de nouveau, et vint encore, par sa présence, porter la terreur au sein des villes et des campagnes. Des cohortes armées se portèrent rapidement dans tous les lieux suspects ; et la masse des bons citoyens, prise au dépourvu et assaillie par tant de dangers, tomba encore une fois sous le joug de fer.

C'est ainsi que fut subjugué momentanément ce peuple infortuné, et digne, malgré les calomnies de Bonaparte, d'apprécier un bon Roi ; c'est ainsi que sera toujours assujetti un peuple qui se trouvera surpris au milieu d'une paix profonde par une force armée considérable, un peuple au sein duquel des partis audacieux formeront une vaste et secrète conspiration qui éclatera au moment le plus inattendu , une conspiration dont la plupart des membres sont exercés à ces funestes intrigues, et sont soutenus par une armée habituée à s'isoler de la patrie et idolâtre précisément du chef que la faction aura jugé à propos de mettre en apparence à la tête du parti ; tel sera toujours le sort d'un peuple chez lequel une révolution presque inespérée aura subitement changé le gouvernement, qui, malgré tous ses soins paternels, n'a pu s'empêcher de faire beaucoup de mécontens, nouveaux et nombreux renforts pour ses ennemis ; et quels éloges ne mérite point cependant ce gouvernement, puisque, malgré toutes ces causes qui ont éclaté à la fois, et qui par conséquent auraient dû paralyser sur-le-champ l'énergie nationale, malgré son peu de durée, devient cependant l'objet de tous les vœux, de tous les regrets, et réveille des sentimens tels que, du Nord au Midi, les peuples égarés et poursuivis par les baïonnettes, courent aux armes pour le défendre, et ne se soumettent au tyran qu'après avoir immolé quelques-uns des vils satellites qui arrachent de leurs bras un souverain adoré ! Telles sont les véritables causes, et non pas l'impulsion du vœu national, qui firent avorter si promptement les généreux efforts des provinces du Midi, de l'Ouest et du Nord : mais l'indignation publique fermenta sourdement ; et, dans l'espace d'un mois, elle éclata avec violence. En vain quelques acquéreurs de biens nationaux, que toutes les précautions du Roi n'avaient pu guérir de leurs inquiétudes, parce que sans doute elles sont consciencieusement fondées ; en vain ces hommes et quelques autres, assez généralement tarés dans l'opinion publique, s'empressent-ils de former des fédérations, dénomination qui seule désignait assez la trempe de leurs sentimens et l'espèce de leurs opinions ; en vain Bonaparte monta-t-il lui-même à cheval pour aller recruter au sein de la plus vile canaille des faubourgs de la capitale des partisans et des fédérés ; en vain ses gazettes mensongères annonçaient-elles à la France que les alliés étaient sur le point de le reconnaître ; rien ne put comprimer l'opinion publique : la Vendée éclate et tombe avec fureur sur ses satellites ; de toutes parts ses proconsuls militaires lui annoncent, dans leurs rapports, que des insurrections éclatent autour d'eux et de tous côtés. Et quel est le signal de ralliement de ce peuple soulevé ? Sont-ce les cris ou les emblêmes de la république ou des divers gouvernemens qui ont été établis depuis vingt-cinq ans ? Non ; de toutes parts et comme d'un commun accord, c'est le drapeau pacificateur de son Roi, c'est auprès des lis que ce peuple malheureux vient se rallier dans son désespoir ; c'est en invoquant le nom cher et sacré des Bourbons qu'il semble demander justice à la Providence de l'horrible attentat de Bonaparte et de ses adhérens ; c'est en rappelant Louis XVIII par ses vœux et les plus nobles efforts, qu'il répond à la généreuse déclaration des alliés, qui reconnaît le droit que la nation française a de choisir son gouvernement. Où donc est le vœu national ? Les faits l'expliqueront. Louis XVIII, à peine connu, redouté d'un grand nombre, peu aimé d'une partie de l'armée, se livre à la nation, éloigne les troupes étrangères, reste seul au milieu de nous, n'excite aucune dissension intérieure ; au bout de deux mois est chéri de la majorité des Français, et est accueilli, chaque fois qu'il se montre à son peuple, par des acclamations qui tiennent de l'enthousiasme. Voyez ce monarque malheureux fuyant de sa capitale, recevoir et proclamer lui-même les nombreux témoignages d'amour d'un peuple désespéré de son éloignement ; tous les cœurs se dirigent vers lui, tous les vœux le suivent ; cependant ce n'est point un triomphateur qui parcourt le champ de la victoire ; ce n'est point un roi comblé des faveurs de la prospérité, il n'a encore régné que dix mois, il n'a plus de grâces, de bienfaits à répandre ; il est malheureux, proscrit, fugitif ; son retour est incertain, et le peuple le suit vers son exil avec des yeux baignés de larmes. Quel roi ! quel peuple ! D'un autre côté, voyez Bonaparte arriver à Paris après que la défection de l'armée lui en a aplani la route, entrer dans la capitale au milieu d'un peuple consterné, exciter par sa seule présence et dans un mois de temps deux guerres civiles, dont une, celle de la Vendée, fait en peu de jours des progrès rapides et terribles, tandis qu'une agitation sourde mugit dans les autres provinces, commence à éclater dans le Midi, et bientôt, n'en doutons pas, aurait étendu ses ramifications dans toute la France. Voilà donc ce monarque adoré, ce prince de la loi nouvelle, celui qui nous sauve de dangers imminens, dangers qui n'existaient que pour une certaine classe d'hommes, et qui consistaient seulement dans le mépris public et général qui était sur le point de les accabler. Avez-vous parcouru depuis trois mois les villes et les campagnes de la France ? Quels sont les hommes qus vous avez vu oser s'avouer les partisans de Napoléon ? N'étaient-ils point ou de la dernière classe du peuple, et encore du nombre de ceux mal famés, ou bien de ces hommes immoraux que la bonne compagnie rejeta toujours ? C'est ici le lieu de rapporter un fait qui m'a été communiqué par le procureur du Roi d'une petite ville fertile en bonapartistes. Ce magistrat avait fait un relevé de tous les hommes du peuple qui criaient en faveur de Bonaparte ; tous avaient été déjà repris de justice, et beaucoup même avaient subi des peines infamantes. D'après tous les renseignemens que j'ai pu prendre, il en était à peu près de même partout ; mais dans toutes les villes du royaume, et je ne crains point d'être démenti, la masse des propriétaires, des négocians, des marchands, les artisans établis, les ouvriers même pères de famille, tous ceux enfin qui tenaient à un avoir quelconque, se sont fortement prononcés contre Napoléon, qui n'avait, dans le fait, de partisans réels qu'une portion de son armée, quelques ex-sénateurs et grands personnages de sa cour, la plus vile populace et une faible partie des acquéreurs de domaines nationaux ; car il faut être juste, et dire que, parmi cette dernière classe, la majorité était loin de se livrer aux frivoles inquiétudes qui tourmentaient les autres, et l'on a pu remarquer que les seuls acquéreurs qui s'y abandonnaient étaient précisément ceux dont la moindre erreur révolutionnaire avait été l'acquisition des domaines nationaux. Mais ce qui contribua le plus à faire regretter le Roi, c'est que la masse éclairée de la nation ne tarda pas à s'apercevoir que Bonaparte lui-même n'était que l'instrument ou le masque du parti jacobin, qui avait puissamment contribué à son rappel, et qui espérait se servir encore de lui pour régner de nouveau. On craignit que ce parti bien faible, quoiqu'on en dise, mais audacieux, ne parvînt, comme il l'avait déjà fait en 91, à désorganiser l'armée et à s'en emparer. Dès-lors Louis XVIII devint plus que jamais le roi désiré, l'objet du vœu national, le but où se rattachaient toutes les espérances de paix et de bonheur ; dès-lors la nation, par un accord tacite et non prémédité, mais unanime, résolut de se débarrasser de Bonaparte ; un grand nombre de ses partisans l'abandonnèrent, et Bonaparte lui-même ne tarda pas à s'apercevoir de cette défection, et exprima, dit-on, alors plusieurs fois le regret de n'être pas resté à l'île d'Elbe. Dans toutes les provinces, on organisa secrètement des ligues, des confédérations ; chacun , par un esprit de patriotisme , redoutait le moment d'éclater, parce que l'on se livrait avec répugnance à l'idée d'armer le peuple contre l'armée, et l'on espérait que les armées alliées, par leurs succès, rendraient ces mesures inutiles. C'est à ce sentiment que l'on doit attribuer la joie qu'inspirèrent les déclarations et les traités passés au congrés des souverains, et il fallait que le vœu national fût bien prononcé pour que la France, naturellement rivale de ses voisins, n'ait vu dans leurs mesures énergiques que le moyen d'arrêter le fléau de la guerre civile, qui était inévitable et qui était sur le point d'éclater partout. En vain Bonaparte, pressé de tous côtés par les souverains de l'Europe, demanda de l'argent et des soldats : le peuple ne lui accorda rien ; et son ministre de la police lui dévoila les motifs de ce refus dans ce fameux rapport où il dit nettement à son maître qu'il n'est pas l'homme de la nation ; vérité que Bonaparte avait presque reconnue lui-même dans son discours à la chambre des représentans : en vain Bonaparte voulut-il, pour accroître ses moyens, nous faire voter une constitution ; le silence morne du peuple lui apprit qu'on ne voulait plus de ses constitutions : en vain s'entoura -t-il d'une espèce de représentation nationale ; la nation lui apprit, par une nuée de brochures, de pamphlets, par des cris d'indignation, par les insurrections des provinces du Nord et du Midi, par les succès de la Vendée et sa résistance à tous ses décrets, qu'elle ne reconnaissait pas des pairs nommés par lui et des députés élus par la minorité des colléges électoraux, et assemblés au nom d'une constitution qui était fort incons-

titutionnelle, puisque, sur trente millions d'habitans dont se compose la France, il y avait à
parier cent contre un qu'elle était rejetée par
vingt - huit millions. Bonaparte abandonné ,
harcelé par la nation, se jette au milieu de son
armée; dont une grande partie avait déjà reconnu son erreur, et s'était ralliée à la cause du
peuple : il fait un coup de désespoir ; et se fiant
à son étoile, il tente le sort des combats. Les
ineptes dispositions militaires qu'il prend font
rapidement passer la victoire du côté de nos ennemis, et nos plus valeureux soldats périssent
inutilement dans les plaines de Fleurus. C'est
alors que l'indignation est à son comble : le sang
de tant de braves qu'il a égarés et conduits à la
boucherie s'élève contre lui ; chacun oublie les
torts de ces vaillantes phalanges, et ne se rappelle que de la gloire dont elles couvrirent si
long-temps et si souvent le nom français : un
seul sentiment dirige tous les partis, et pour le
coup le vœu national est vraiment unanime.
Malgré les bulletins imposteurs dont Bonaparte
avait couvert sa honte et sa défaite, il est pour-
suivi jusqu'à Paris par la haine publique : la
nation s'attend qu'une vengeance prompte va
lui arracher sur-le-champ le sceptre avec la vie ;
mais ces faux représentans, qui n'ont pu le servir pour subjuguer la nation, parviennent pourtant à le sauver ; il en est quitte encore pour une
honteuse abdication ; et ces illégitimes députés ,
non contens d'avoir jusqu'alors outragé la France
en se disant faussement ses mandataires, ont encore l'audace d'insulter à notre douleur et à
notre indignation, en proclamant avec enthousiasme Napoléon II. Mais ce triomphe est de
courte durée : dès le lendemain le vœu national se prononce avec force et reprend sa souveraineté ; Napoléon II est oublié , rayé de nos

2*

fastes : la nation use de ses droits, et manifeste son vœu en appelant unanimement dans toutes les provinces Louis XVIII pour son Roi, et en le reconnaissant pour le père et le libérateur de la patrie.

CHAPITRE II.

De l'armée, de la dignité nationale.

Il se présente ici deux questions ; en quoi consiste l'honneur de l'armée et la dignité nationale ? Par quelles mesures un gouvernement peut-il perdre ou conserver le rang de l'une et de l'autre ?

L'honneur de l'armée consiste à défendre avec bravoure la patrie en temps de guerre, et à donner l'exemple, en temps de paix, de l'ordre, de la discipline, et surtout d'une obéissance respectueuse et d'une fidélité inébranlable au gouvernement qui a reçu ses sermens ; si l'armée manque à un de ces engagemens, elle s'avilit elle-même, parce que la foi jurée est le pacte le plus solennel de l'honneur, et un militaire surtout doit en être esclave. Le devoir du gouvernement est de veiller en temps de guerre à ce que l'armée ne soit pas inutilement sacrifiée dans des expéditions odieuses et étrangères aux intérêts de la patrie, il doit se garder d'abuser des victoires et des triomphes de l'armée pour amasser contre la patrie la haine de tous les peuples ; enfin, son devoir, en temps de guerre, est d'avoir soin que la solde, l'habillement, les vivres soient exactement donnés aux troupes, et sa sollicitude doit s'étendre

principalement sur les blessés et les prisonniers de guerre; en temps de paix l'armée doit
être l'objet des attentions les plus honorables
du souverain; les braves que le gouvernement
ne peut entretenir sous les drapeaux à moins
de perpétuer les embarras et le fardeau d'un état
de guerre chez une nation déjà épuisée et qui ne
regarderait plus alors la paix comme un bienfait;
les braves, dis - je, mis en inactivité, doivent
trouver dans leurs foyers la considération publique et une récompense de leurs travaux;
les chefs de l'armée doivent occuper près du
souverain, dans les conseils, dans les plus
hauts emplois un rang proportionné à leurs
talens et à la gloire qu'ils ont acquise. En supposant même que le gouvernement manquât,
soit en temps de paix soit en temps de guerre,
à ces divers engagemens, l'armée, essentielle-
ment passive et nullement délibérante, doit
tout attendre de la justice tôt ou tard éclairée du monarque, doit se fier aux nombreuses
réclamations qu'une nation belliqueuse ne man-
quera pas d'élever en sa faveur, peut même
user de la voix de pétition près des corps constitutionnels; mais l'armée dans aucun cas ne
peut, sans flétrir ses lauriers, rompre la foi
jurée, renier la religion du serment, parce que
celui-là seul qui le reçut a le droit de l'en dé-
lier; tous les militaires éclairés, tous les hommes
pour qui l'honneur n'est pas un vain mot, ceux
qui connaissent et qui ont médité les bases de
l'odre social et de la prospérité publique senti-
ront l'exactitude irrécusable de ce que je viens
d'avancer, et cela n'a pas besoin de plus ample
explication.

Qu'était l'armée sous Bonaparte ? Un corps
éminemment respectable, qui présentait l'ensemble de tous les talens militaires, mais qui,

entièrement dévouée aux caprices et à l'ambition de son chef, manquait totalement le but de
son institution, et tendait rapidement à s'isoler
de la patrie; la nation épuisée, dévastée par les
victoires de l'armée, avait fini par être indiffé-
rente à des triomphes qui reculaient sans cesse
l'époque de la tranquillité, et étaient toujours
le signal d'un sénatus-consulte de conscription;
les soldats, presque continuellement éloignés
de la France, avaient perdu de vue l'idée de re-
devenir citoyens, et s'identifiaient avec la vie,
les habitudes et la morale des camps; la conti-
nuité de la guerre leur avait fait oublier qu'ils
combattaient pour la paix, et cet état leur paraissait naturel. Leur confiance dans leur chef con-
sistait à être sûrs qu'il ne déposerait jamais les
armes, et qu'il saurait toujours les faire vivre
aux dépens de l'ennemi; leurs triomphes étaient
pour lui, leurs vœux se rapportaient à lui, leur
devise était son nom, et leur ambition était sans
cesse aiguillonnée par l'espoir presque certain
de parvenir à une haute fortune militaire, en
remplissant les emplois que tant de batailles
désastreuses laissaient si souvent vacantes. Avec
de pareilles idées, la France et Napoléon se con-
fondaient ensemble, ou plutôt Napoléon était à
leurs yeux la France même, et chacun consi-
dérait son régiment comme sa famille, et le
champ de bataille comme sa patrie; la fausse
direction qu'un chef astucieux et égoïste donnait à cette armée si recommandable d'ailleurs,
amenait donc visiblement et de jour en jour une
scission entre les intérêts de la patrie et ceux de
l'armée; ces deux sœurs allaient devenir bientôt
étrangères et peut-être ennemies; la France gé-
missant sous un joug de fer, savait bien que
c'était par l'appareil des bayonnettes que Napoléon soutenait son despotisme et foulait aux

pieds nos lois et nos constitutions ; les soldats mêmes, lorsque des passages ou d'autres circonstances les amenaient dans l'intérieur, conservaient jusqu'au sein des foyers paternels une attitude et des mœurs étrangères, ils avaient l'air de se croire toujours logés chez les bourgeois de Wilna ou de Vienne ; et l'idée qu'ils pouvaient être chez eux loin de leur aigle ou de leurs casernes, ne leur paraissait pas familière ; enfin l'armée, entièrement confondue avec son chef, aurait fait pour lui, dans l'occasion, la conquête de la France même, comme elle avait conquis les trois quarts de l'Europe, et l'expérience n'a que trop justifié cette assertion. Telle était la position de l'armée, lorsque, délaissée ainsi que son chef par une nation fatiguée de les soutenir, ils furent l'un et l'autre obligés de céder à des circonstances impérieuses. Bonaparte abandonna l'armée à la nation, et la nation entraîna l'armée à reconnaître avec elle les lois d'un Roi légitime, pacificateur et citoyen. Ces deux dernières qualités, qui annonçaient dans le monarque des vues diamétralement opposées au système de Bonaparte, furent d'abord mal interprêtées par l'armée ; Louis XVIII traitant avec les souverains alliés dans Paris, où les bévues seules de Bonaparte les avaient amenés, lui inspira de vives alarmes pour les trophées de ses victoires ; Louis XVIII même, inconnu à leurs rangs, parut un monarque peu respectable à des soldats qui avaient vu un de leurs camarades monter sur le trône, et qui ne réfléchissaient pas que les droits du peuple et la nécessité de se sauver existaient avant l'ambition et la gloire même de leurs généraux. Louis XVIII, plus Français et mieux instruit des lois du véritable honneur que tous les chefs de légions qui l'ont trahi depuis, connaissait trop bien l'esprit

de l'armée pour ne pas pressentir ses inquiétudes ; il s'empressa de faire une démarche
digne de lui et de nous ; il adopta la gloire et les
marques distinctives de l'honneur de l'armée ;
l'on ne peut citer une seule parole, une seule
proclamation de ce prince éclairé, où il ne rende
des témoignages éclatans des services et de la
gloire des armées ; mais l'espoir et le but des
soldats était totalement manqués ; leur ambition, leur soif de gloire et de combats, tout
rétrogradait vers un état de paix que la plupart
d'entr'eux n'avaient jamais connu ; les dispositions naturelles du Roi, les désirs de la France,
tout s'opposait à leurs vœux, et ils s'aperçurent
avec désespoir qu'il fallait renoncer, pour long-
temps au moins, aux brillantes espérances de
fortune et d'avancement que le dernier gouvernement réalisait sans cesse. Lésés dans leurs
intérêts personnels ils les ont trop souvent con-
fondus avec leur honneur, et ont cru que le Roi
portait atteinte à leur gloire en le voyant, par
la plus cruelle nécessité, abandonner aux ennemis les conquêtes de leur courage ; les insultes
dégoûtantes prodiguées à leur chef par une nuée
de pamphletaires que la cour même méprisait et
n'autorisa jamais, blessaient leur amour-propre
et irritaient leur esprit ; l'oisiveté des garnisons,
le repos uniforme de leurs foyers, contribuaient
à faire fermenter dans des imaginations actives,
ces inquiétudes, ces levains de mécontentement ;
et les troupes agitées sourdement par les intrigues de la malveillance s'aigrirent facilement
contre un gouvernement qui n'était pas de leur
choix, et ses moindres démarches leur parurent
odieuses et suspectes. Et cependant sur quoi se
basait cette funeste disposition de l'armée ? Sur
les plus absurdes calomnies, répandues, com-
mentées par une foule d'agitateurs qui connais-

saient malheureusement trop bien l'esprit de l'armée, et qui savaient que ce corps idolâtre de sa gloire ferait tous les sacrifices pour la conserver si on parvenait à lui prouver qu'il était menacé de la perdre ou de la voir avilie. D'abord il est faux que Louis XVIII fut positivement rappelé sur le trône de ses pères par les étrangers; les souverains alliés après s'être unis par la plus forte coalition qui se soit jamais formée, terrassèrent Bonaparte dont la France ne voulait plus, puisque de l'aveu même de l'armée il fut abandonné par la nation. Les alliés en déclarant qu'ils ne traiteraient plus avec lui ne firent donc que s'unir au vœu de l'immense majorité des Français; et alors, je le demande à l'armée, aux bonapartistes, aux jacobins, vers qui se tournèrent les yeux du peuple lors que cette déclaration fut connue, quel souverain fut appelé par toutes les provinces? Est-ce Napoléon II, Eugène, ou quelques généraux de l'armée? Non sans doute, et la France entière attestera que partout chacun se disait : nous n'avons plus de gouvernement, les Bourbons seuls doivent le remplacer. Pour qui furent les acclamations de la capitale lorsque les alliés y firent leur entrée? Enfin d'un bout de la France à l'autre le nom des Bourbons rattachait tous les partis, et paraissait le seul talisman capable de sauver la patrie; je ne crains point que l'on me démente, j'en défie même qui que ce soit : l'impulsion qui rappela les Bourbons fut unanime, populaire et fortement prononcée; si Bonaparte lui-même est un jour de bonne foi il avouera qu'il céda plutôt à cette volonté générale qu'à la force des circonstances, et que lui seul ne partageait pas la crainte qu'il manifesta d'exciter des dissensions civiles s'il ne donnait son abdication; il savait bien que l'opinion presque générale était contre lui et en faveur des

Bourbons, et que sa cause n'armerait pas les Français l'un contre l'autre ; Bonaparte sait bien que c'est encore cette même opinion qui vient de le culbuter une seconde fois. Cependant en 1814 la nation française ignorait les dispositions favorables des alliés pour Louis XVIII, elle ne connaissait pas ce monarque ; les Bourbons, éloignés depuis vingt-cinq ans du sol de la patrie, n'étaient connus que de quelques prisonniers de guerre qui avaient éprouvé, au sein de la détresse où les laissait Bonaparte, leur noble et généreuse bienfaisance. Mais l'auguste tige des Capet avait laissé en France des racines profondes ; les tourmentes revolutionnaires l'avaient ébranlée sans l'abattre ; à la vue de ses anciens monarques la France délaissa bien vite ces hommes nouveaux, ces étrangers, fils d'une révolution qu'elle désavouait ; elle s'élança dans les bras de son Roi. J'ai vu ce monarque débarquer à Calais au milieu d'un peuple immense accouru des provinces voisines, et mon cœur conservera toujours le souvenir de ce touchant et majestueux spectacle. Ah ! si tous les imposteurs qui ont osé avancer que ce prince nous fut imposé par nos ennemis avaient été témoins de la joie de ce peuple ivre du bonheur de revoir son Roi, s'ils avaient vu les témoignages d'amour que les habitans des villes et des campagnes lui prodiguèrent jusqu'à Paris, ils auraient avoué que les Français ne recevaient pas un Roi de la main des étrangers, mais reconnaissaient seulement avec toute l'Europe que Louis XVIII était le meilleur, le plus sage des Rois. L'armée a donc été dupe de la plus absurde calomnie en croyant que Louis XVIII avait été imposé à la France par nos ennemis ; c'est autour de cette première erreur que s'agglomèrent toutes les autres ; l'armée une fois imbue de cette fausse opinion s'imagina facilement que le Roi de ses ennemis était chargé de venger sur elle leurs revers et leurs humiliations : dès lors plus de confiance dans les protestations du Roi à l'armée, une funeste inquiétude s'empara de tous les cœurs, et l'armée craignit de plus que le Roi ne l'accusât ou ne la punît d'avoir si long-temps éloigné par ses triomphes le retour des Bourbons ; Bonaparte seul parut aux troupes le monarque convenable à leur gloire, et ce désastreux conquérant devint l'objet de leurs plus sensibles regrets ; l'armée persista dans son aveuglement, malgré les démarches vraiment patriotiques du Roi ; et c'est principalement sous ce rapport que les calomnies de Bonaparte et de ses adhérens doivent inspirer une indignation profonde. Le Roi aurait pu répondre de suite aux vœux de la France et aux désirs secrets de ses voisins en réduisant sur-le-champ l'armée au véritable pied de paix, qui aurait été d'autant plus borné, que Bonaparte ayant perdu le fruit de nos conquêtes, avait forcé le Roi à signer la réduction de notre territoire à ce qu'il était en 1792. Ce n'était donc pas le pied de paix du vaste Empire français qu'il fallait adopter ; mais celui du royaume de France. Le Roi, prodigue des trésors de la nation envers l'armée seule, conserva au-delà d'un tiers de troupes qu'il n'en fallait en activité, et ne réduisit pas sur-le-champ au traitement de réforme cette immense quantité d'officiers qui devenaient inutiles ; il adopta des modifications qui leur étaient avantageuses ; les uns furent à la demi-solde, d'autres conservèrent leurs appointemens à la suite des corps, et la petite minorité reçut la réforme, encore fut-elle demandée par un grand nombre de ces derniers. Le Roi, pour traiter l'armée aussi avantageusement que les circonstances le permettaient, ferma pour la première fois son cœur

paternel aux cris de la nation épuisée par vingt-
cinq ans de guerre et surchargée de taxes fiscales
et onéreuses ; le Roi maintint ce fardeau acca-
blant sur le peuple pour accorder libéralement
à l'armée les pensions que méritait son courage,
et soulager la misère de cette classe intéressante
que le sort des combats laissait veuves et orphe-
lins. L'exactitude avec laquelle ces secours
étaient payés est la plus forte preuve des intentions loyales du Roi, et de l'ordre qu'il avait déjà
établi dans les finances. Eh quoi ! le souverain
pendant les premiers mois de son règne ne parle,
n'agit qu'en faveur de l'armée, il épuise ses trésors et surcharge son peuple pour la satisfaire,
il lui pardonne avec indulgence les nombreux
manques de respect et de subordination qui se
manifestent même en sa présence ou devant les
princes du sang dans les divers régimens ; ses
lois, ses ordonnances, ses actions, tous prouvent
que rien n'est plus cher à son cœur que la gloire
de l'armée ; jusqu'au moment même de sa défection il l'accable de bienfaits : et ce même Roi
aurait avili l'armée, aurait mal apprécié ses mérites ! Ah ! sans doute une telle assertion ne peut
être que le comble de la démence ou d'une haine
aveugle contre tout ce qui est juste. *Mais le Roi,
dit-on, avait promis de conserver à tout le monde,
ses emplois, ses appointemens,* etc. : un célèbre
écrivain a déjà répondu d'une manière victo-
rieuse à cette accusation, je me contenterai
d'ajouter que quand même le Roi aurait fait
littéralement cette promesse, il lui eut été impossible de la remplir, parce que les rois, malgré
toute leur puissance, ne peuvent pas trouver des
ressources là où il n'y en a pas, et les calculs
les plus rigoureux prouveront que si le Roi avait
voulu conserver dans toute leur intégrité l'activité, les appointemens et les places de tous les

officiers, de tous les employés civils et militaires
qui avait été créés pour défendre ou administrer
l'empire français, le royaume de France se serait
englouti en moins de deux ans dans un abîme
de dettes; il aurait fallu exercer sur le peuple
mille concussions, accabler de taxes les revenus,
les propriétés, et jusqu'aux objets de première
nécessité; le Roi lui-même eut été fort embar-
rassé pour repartir et utiliser cette masse de sa-
lariés; qu'en serait-il résulté? le peuple, foulé,
opprimé par le gouvernement, n'aurait joui d'aucuns des bienfaits de la paix; réduit au désespoir
il se fût peut-être porté à des excès coupables,
la guerre civile et une nouvelle aggression
étrangère eussent été la suite de ce système exa-
géré.

Ceux qui ont eu connaissance de nos ressources financières, élèveront ici la voix pour at-
tester que le Roi accordait encore à l'armée plus
qu'il ne pouvait raisonnablement lui donner,
pour être juste envers le peuple ; car enfin le
peuple, et surtout les Français, sont quelque
chose, et ne doivent pas être abandonnés comme
une proie à l'armée ; Bonaparte lui - même ne
l'eût pas fait ; et si l'on peut juger des actions
d'un homme par son caractère, il aurait peut-
être encore fait moins pour les artisans de sa
fortune que Louis XVIII ; l'on ne doit donc pas
calomnier l'armée elle-même, en disant qu'elle
fut avilie par la réduction de sa solde, car ce
serait donner à entendre qu'il se mêlait aux
inquiétudes de l'armée des vues intéressées: sentimens inconnus aux véritables soldats français ;
l'armée, dans les circonstances où nous nous
trouvions, ne pouvait demander autre chose au
Roi que d'être juste ; je crois avoir prouvé qu'il
a su être en même temps aussi libéral que le
permettait sa situation. *La légion d'honneur,*

a-t-on dit, *fut avilie, privée de ses biens, de ses écoles*, etc. Une des premières assurances du Roi, dans ses proclamations, dans sa charte, fut la promesse de maintenir la légion d'honneur ; il s'empressa de se décorer lui-même de cet ordre vraiment national ; mais peut-on lui faire un crime d'avoir supprimé la pension attachée aux croix qu'il distribuerait lui-même ? N'en avait-il pas le droit comme Roi, comme grand-maître de cet ordre ? Pouvait-il d'ailleurs continuer à donner des pensions, à entretenir des établissemens constitués sur des biens, des dotations, des revenus extraordinaires qui n'existaient plus, puisque la plupart, situés en pays étrangers, nous avaient été ravis depuis nos derniers désastres militaires, et par le traité de Paris ; la légion d'honneur se trouvait donc, considérée en elle-même, dans le cas d'une riche maison qui ne peut plus continuer ses paiemens, par suite de pertes et de banqueroutes imprévues ; cependant le Roi vint encore à son secours, et toujours jaloux de prouver son affection à l'armée, il maintint solennellement les pensions existantes, et remplit le déficit immense que causait à la légion la perte de ses biens. Et comment le roi combla-t-il cet abîme ? C'est en partie aux dépens de ses propres épargnes ; et, si le paiement des pensions éprouva quelques retards, c'est que ce généreux prince n'avait pas encore trouvé les moyens de s'imposer des privations, c'est parce que sa liste civile n'était pas encore décrétée !... N'est-ce pas en faveur de cette même légion que le Roi fit la démarche peut-être la plus délicate chez un souverain, qu'il revint sur la loi portant la suppression des écoles de la légion d'honneur ? Et comment fit-il ce pas rétrograde ? C'est d'après les supplications des chambres. C'est donc en montrant la plus

noble, la plus généreuse confiance dans les représentans de la nation, que Louis XVIII nous
avilissait!... Le Roi, en faisant pour la légion
d'honneur de grands sacrifices, n'accorda rien
aux autres ordres du royaume, pas même à la
croix de Saint-Louis; il s'empressa de décorer de
cette distinction, aussi honorable sans doute que
la croix d'honneur, les chefs de l'armée; la misère à laquelle étaient réduits un grand nombre
d'anciens chevaliers de Saint-Louis excita même
les réclamations d'un militaire aussi distingué
par sa fidélité que par ses hautes dignités. Le
Roi, qui répétait sans cesse qu'il n'était en France
que depuis le 4 mai, n'accorda cependant à
l'ordre de Saint-Louis que l'honneur de pouvoir
le porter, et toute sa munificence se dirigea vers
la légion : *cet ordre*, dit-on, *fut prodigué d'une
manière scandaleuse*. Louis XVIII distribua un
peu plus de quatre mille croix d'honneur; l'on
peut assurer hardiment que sur ce nombre trois
mille six cents ont été données à des militaires
dont la plupart avait combattu à Austerlitz,
Jéna, etc. Il y a plus, c'est qu'une foule de réclamations amassées dans les bureaux des ministres,
attesteront que beaucoup d'officiers de terre et de
mer, distingués par leur patriotisme, ou, pour
me servir de l'expression qui fut à la mode,
notés pour leur royalisme, ne purent obtenir
cette décoration, malgré les preuves qu'ils pro-
duisaient de leurs campagnes, de leurs blessures,
et des services qu'ils avaient rendus à la cause
de la France sous Bonaparte même; il est donc
bien inconvenant, il y a même une sorte d'impudence révoltante d'oser soutenir que la légion
d'honneur fut prodiguée, lorsque le roi ne l'accordait qu'à ceux qui étaient susceptibles de l'obtenir. *Les emplois militaires, les régimens furent
remplis d'officiers inconnus à l'armée, et qui*

n'avaient d'autre mérite que d'avoir porté les armes contre la patrie. Ce fait est matériellement faux ; beaucoup de ces officiers, au contraire, qui avaient tout sacrifié pour la cause du roi, ne reçurent que de modiques pensions de retraite ; un bien petit nombre reprit du service actif; beaucoup d'autres obtinrent des commandemens de places de guerre ; et quand je dis beaucoup d'autres, il ne faut pas croire que leur nombre était fort considérable, et j'ose avancer que le quarantième tout au plus des emplois militaires fut donné à ces anciens et fidèles compagnons de l'exil de nos princes. D'ailleurs, puisque le Roi appréciait, récompensait les services de l'armée, quel que fût le gouvernement qu'elle avait défendu, puisque, dans l'établissement des pensions de retraite, dans les grâces de la cour, on avait égard à tous les mérites, on tenait compte de tous les services, même de ceux qui avaient le plus nui à la cause royale, telles que les campagnes de la Vendée, et cela avec une justice, une impartialité irréprochable ; puisqu'en un mot le Roi adoptait l'honneur et la gloire des militaires avec une générosité qui aurait dû surpasser toutes les espérances ; pourquoi n'aurait-il pas aussi adopté la gloire et les services de ceux qui avaient directement défendu sa cause, et consolé son cœur au temps de la proscription ? La valeur et la fidélité ne sont-elles pas estimables partout? Ces vertus se trouvent-elles seulement dans les rangs de l'armée française? Que voyait-on dans les plus hauts emplois, dans la chambre des pairs, dans les conseils, à la cour du monarque ? Quels sont ceux qui ont le plus accaparé la confiance du Roi? Ne sont-ce pas les chefs de l'armée ? En faveur de qui furent créés ces nombreuses subdivisions militaires, ces gouvernemens, ces emplois honorifiques ? N'est-ce pas encore en faveur des généraux ? On s'est plaint que le Roi n'ait pas formé sa maison militaire de l'ancienne garde impériale :. mais quelles assurances de dévouement le Roi avait-il reçu de ce corps pour lui confier ce poste important, et qui intéressait personnellement le Roi ?.. Il eût mieux valu garder à cet égard le silence, et ne pas faire naître des récriminations désagréables; d'ailleurs, le Roi était sur le point de donner à l'armée une preuve touchante de sa confiance ; sa maison militaire allait être augmentée d'un certain nombre d'hommes pris dans chaque régiment et commandés par leurs officiers. Enfin la postérité jugera un jour le Roi et l'armée, sa décision n'est pas douteuse ; la France et le monde entier l'ont déjà présentée. Il est une autre calomnie dirigée contre l'armée elle-même, qui n'est pas moins odieuse ; *son mouvement l'entraîna*, dit-on, *rapidement à violer ses sermens, à se rallier autour de Bonaparte* ; oui, le fait est faux ; oui, cette accusation est atroce ; l'armée fut séduite par des intrigues que nous ne pouvons pas connaître ; elle fut égarée, mais en général elle ne fut point coupable ; la réputation du régiment qui le premier rencontra Bonaparte, dépendait du colonel ; cet officier pouvait sauver la France et son honneur ; il est de fait que beaucoup d'officiers des régimens, qui ont trahi le Roi, vinrent se rallier autour du duc d'Angoulême ; beaucoup de corps reçurent ordre, au nom du Roi, de se porter sur tel et tel point où ils se sont trouvés comme enveloppés et surpris par d'autres qui s'étaient déjà parjurés ; l'esprit de corps, un faux point d'honneur, les assurances mensongères de Bonaparte entraînèrent facilement des soldats qui voyaient leurs principaux chefs se faire gloire de la trahison ; j'ai vu moi-même circuler dans des casernes des bulletins revêtus de toutes les apparences de l'authenticité, et qui assuraient positivement que Bonaparte avait conclu un traité avec les souverains étrangers, par lequel on retrocédait à la France une partie du Piémont et de la Belgique, où il était dit que le Roi s'était embarqué au Havre avec toute sa famille, après avoir publié une proclamation aux Français, dont le texte était cité, et dans laquelle, après s'être répandu en injures contre les alliés qui l'avaient trahi, il déliait l'armée du serment de fidélité en faisant des vœux pour son bonheur. Il est vrai qu'une pareille imposture ne pouvait durer long-temps, mais il faut avouer qu'elle suffisait seule pour entraîner un régiment vers une fausse démarche, et tous les militaires savent que ce pas une fois fait, l'amour-propre de l'esprit de corps ne permet plus de rétrograder. Combien d'officiers de tout grade préférèrent perdre le fruit de leurs services, plutôt que de manquer à leur serment, et donnèrent leur démission pure et simple ! L'élite des chefs de l'armée, ou suivit le Roi, ou du moins, refusa de servir l'usurpateur ; une grande quantité de soldats abandonnèrent ses drapeaux pour se retirer dans leurs foyers, un plus grand nombre encore se rallièrent autour du Roi. N'est-ce pas à ces loyales dispositions de la majorité de l'armée, que l'on doit attribuer cette mesure de Bonaparte, de placer des divisions de sa garde dans chaque grand corps ? N'est-ce pas la même cause qui produisit en partie le résultat de l'affaire de Fleurus ? Bonaparte n'avait donc pour lui , soit dans l'armée, soit dans la nation, qu'une minorité factieuse. C'est l'opinion de l'armée et de la nation qui l'ont culbuté ; c'est encore cette opinion commune qui rappelle Louis XVIII sur le trône. *Le Roi*, a-t-on dit encore, *avilissait la dignité de la France ; notre industrie, notre commerce étaient sacrifiés à nos ennemis.* L'absurdité de cette calomnie a été mise en évidence par celui même qui l'inventa. Puisque Bonaparte et ses adhérens proclamaient que le dernier traité de Paris était honteux, ils n'étaient donc pas de bonne foi, lorsque dans une posture aussi basse qu'humiliante pour la nation, ils suppliaient les alliés de vouloir l'observer. Bonaparte n'avait donc pas l'intention de l'observer ce traité, puisqu'il le déclarait avilissant, et les souverains ont eu raison de ne pas se fier à sa promesse. Ses propres calomnies sont donc devenues cette fois l'arrêt de sa déchéance. Eh ! quoi, Bonaparte qui peut disposer d'une armée qui lui est entièrement dévouée, qui se prétend appelé par le vœu de la France, ou du moins qui peut se servir des ressources d'un vaste royaume, réorganisé en partie par une administration paternelle et quelque temps de paix ; Bonaparte, dis-je, malgré tant de moyens, se met à genoux devant les étrangers, pour solliciter le maintien du traité de Paris, et même, s'il en faut croire des bruits assez bien fondés, propose d'ajouter à ce pacte des articles secrets, véritablement dégradans pour nous ; et cependant il à l'impudence d'accuser le Roi d'avoir signé la honte de la France, en accédant à ce traité, dans un moment où la capitale est au pouvoir des ennemis ; dans un moment où le royaume, complètement envahi, est pour ainsi dire à la discrétion des étrangers, lorsque le Roi ne peut plus disposer que d'une armée complètement désorganisée, fort mal disposée pour lui , et d'une nation épuisée par tous les genres de fléaux. Dans une pareille position, le Roi ou son frère pouvaient-ils parler en vainqueurs ? Et qui avait amené ces funestes circonstances ? Est-ce Louis XVIII ? Combien au contraire la conduite du Roi, au milieu de ces cruels embarras, est noble et magnanime ! Pressé de souscrire à des conditions incompatibles avec l'honneur de sa couronne : *Je connais le chemin de mon exil ;* telle fut sa réponse. Pensée vraiment royale ! Grandeur d'âme inconnue aux tyrans ! Ce prince, éminemment Français , préférait l'exil et la proscription, à la honte de régner sur un peuple avili ; tandis que Bonaparte, pressé de la soif de régner, ne rougissait pas de dégrader son titre, quoique usurpé, de chef de la nation , en prenant une posture humble et rampante devant des souverains qui l'avaient déjà abreuvé d'humiliations, en offrant d'ajouter au traité de Paris des actes additionnels qui ruinaient notre commerce et flétrissaient notre gloire ; comparez et jugez..........! D'ailleurs, en quoi consiste la dignité nationale ? dans une attitude toujours noble et indépendante au milieu même des plus grands revers ; on n'avilit pas la dignité nationale en cédant à des circonstances impérieuses, en se soumettant sans bassesse à la cruelle loi de la nécessité ; et un prince qui manifeste son patriotisme jusqu'au point de sacrifier ses plus chers intérêts plutôt que de souscrire à des engagemens désavantageux pour son peuple, n'avilit pas la dignité nationale, mais lui donne un nouveau lustre ; mais celui qui ne peut douter que sa seule présence attirera sur sa patrie tous les fléaux de la guerre ; celui qui, pour détourner cet orage, loin de se rappeler *le chemin de son exil*, se montre au contraire disposé à acheter le trône au prix de l'infamie ; qui voit d'un œil sec les citoyens armés les uns contre les autres, et qui, dans les derniers efforts de son égoïsme, sacrifie la plus brave armée du monde et l'abandonne dans ses désastres ; celui-là seul avilit la dignité nationale, dégrade la noble qualité de souverain, et ferait presque penser que le trône ne peut être occupé que par ceux qui sont nés pour y monter. D'ailleurs ce traité de Paris, contre lequel les adhérens de Bonaparte ont tant crié, pouvait-il être plus avantageux ? Tous ceux qui ont examiné notre position, et jugé nos ressources en 1814, conviendront, s'ils sont de bonne foi, que ce pacte est un monument de la confiance qu'inspiraient aux alliés, les vertus, la modération et la loyauté du Roi. Certes, Bonaparte n'aurait pas obtenu des conditions meilleures, et il le sait bien : il n'ignore pas non plus qu'à Fontainebleau, il était sur le point de transiger sur tout ce qu'on pouvait lui demander, et s'il ne l'a pas fait, heureusement pour nous, c'est qu'il ne tarda pas à apprendre que les souverains ne traiteraient plus avec lui, seul motif de son abdication.

Une des clauses les plus désavantageuses du traité de Paris était celle qui imposait à la France l'obligation de restituer aux sujets des alliés le prix de leurs propriétés confisquées en France. Mais n'est-ce pas l'absurde et injuste système de Bonaparte qui amena cette clause désagréable ? avait-il relevé la dignité nationale en entreprenant tant de guerres odieuses, en spoliant tous ses voisins ? avait-il relevé l'honneur de nos armes et de la nation dans la guerre d'Espagne et les Cortès de Bayonne ? C'est dans ces actes violateurs de tout principe et du droit des gens

qu'il faut chercher la source des articles du traité
de Paris qui paraissent les moins avantageux ; ce
n'est certainement pas dans les lois et ordonnances rendues sur les douanes et le commerce
que l'on peut trouver des dispositions défavora-
bles à notre industrie : si Louis XVIII avait eu
l'intention de livrer nos manufactures et les pro-
ductions de notre sol au monopole des Anglais,
il n'aurait pas commencé par demander aux
Chambres des lois qui contenaient des mesures
prohibitives contre les produits étrangers ; il
n'aurait pas supprimé les droits énormes qui pe-
saient sur les cotons à leur entrée dans le royaume,
et qui faisant augmenter le prix de nos etoffes ,
nous empêchaient, par cela seulement, de soutenir sur le continent la concurrence des Anglais.
Si le Roi avait agi contre l'intérêt de nos villes
commerçantes il n'eut pas affranchi le port de
Marseille, réprimé l'insolence des puissances bar-
baresques, et netoyé la Méditerranée des pirates
qui l'infestaient, en envoyant contr'eux des es-
cadres jusque dans le fond de l'Archipel. Avec
de tels préliminaires pouvait-on croire que le
traité de commerce pût être honteux ? Il est vrai
que le commerce n'avait pas encore pris son es-
sor ; mais cela dépendait des circonstances où se
trouvait l'Europe : les souverains réunis en congrés, agitaient de grandes questions, débattaient
des intérêts litigieux ; l'aigreur des disputes ,
l'ambition de quelques puissances, des préten-
tions opposées pouvaient amener des ruptures :
était-il prudent alors au commerce d'aventurer
ses capitaux ? Et à cet égard le Roi et la nation
s'entendaient parfaitement. Cependant ce qui
prouve les nombreux encouragemens que le Roi
accorda à l'industrie et la sagesse de ses mesures
à l'égard du commerce, c'est que malgré l'incer-

titude des circonstances je ne crois pas me trom-
per en disant que la plupart de nos villes commerçantes et manufacturières avaient sensiblement
gagné. La France, loin d'être avilie sous son monarque légitime, ne prenait-elle pas chaque jour
au congrés une attitude plus honorable? les vertus du Roi, son esprit de modération bien connu
ne l'avaient-il pas rendu comme le médiateur
des souverains? La France a-t-elle obtenu sous
Bonaparte un triomphe plus flatteur? Dire que
la dignité et l'industrie nationales furent com-
promises sous les Bourbons est donc une de ces
calomnies tellement absurdes que l'on se sent
presque honteux de s'abaisser à la réfuter; et si
j'ai entrepris cette tâche, c'est que j'ai cru y voir
une occasion de payer un juste tribut de recon-
naissance au plus sage des Rois, pour tout le bien
qu'il nous a fait.

CHAPITRE III.

Des Droits de la Nation.

Louis XVIII en publiant sa charte, que les adhérens de Bonaparte se plaisaient à qualifier d'*édit
de réformation, a violé*, dit-on, *les droits du peuple
français en usurpant le pouvoir constituant et en
dédaignant la première Constitution que le Sénat
avait décrétée au nom de la nation.*

Je n'examinerai pas jusqu'où peut s'étendre et
sur quoi est fondé le droit de la nation à exercer
exclusivement le pouvoir constituant; je n'ap-

profondirai même pas l'origine, de la plupart de nos anciennes formes constitutionnelles. Il me serait aisé de démontrer que même dès la première race nos rois *constituaient*, que c'est dans les capitulaires et les ordonnances *proprio motu* de nos Rois que nous retrouvons tous les principes constitutionnels qui ont été invoqués et renouvelés depuis vingt-cinq ans : que c'est à Philippe-le-Bel que le tiers-état doit son admission aux assemblées représentatives; qu'il n'existe pas une idée libérale qui n'ait été proclamée par quelques-uns de nos Rois ; que depuis Clovis jusqu'à Louis XVIII l'on ne peut citer aucun fait prouvant que la nation ait contesté au prince le pouvoir constituant. Si la nation à souvent reclamé ses immunités, soit par l'organe des états-généraux , soit par les parlemens , ses remontrances et ses cahiers se basaient toujours sur telles ou telles dispositions des ordonnances du souverain, et non pas sur *les droits de l'homme*. C'est en réclamant d'abord ces antiques priviléges que l'assemblée nationale rédigea la Constitution de 1790; c'est en reconnaissant que ses aïeux avaient déjà non pas consenti mais créé la plupart des institutions demandées , que Louis XVI sanctionna la rédaction de ce pacte, et il *octroya* les nouveaux supplémens que les députés de la nation lui présentèrent. On pourrait prouver que l'assemblée nationale elle-même reconnut ce principe dans une infinité d'occasions. Ce n'est donc pas une chose nouvelle et inouie de voir en France le Roi exercer le pouvoir constituant, c'est au contraire un usage établi depuis l'origine de la nation, et qui, semblable à la loi salique, est un rang de bases fondamentales de la monarchie des Francs. En admettant même en principe que toute souveraineté dérive du peuple, le pouvoir constituant du Roi de France est un droit inébranlable et sacré, puisque le peuple l'a reconnu pendant quatorze siècles et ne s'en est pas plus mal trouvé que depuis qu'il a voulu l'exercer lui-même. Lorsqu'un peuple ou son monarque s'occupent de considérations aussi générales et aussi importantes que celles des droits constitutionnels de la nation et de la prospérité des races futures, l'histoire de tous les siècles, de tous les états, nous apprend que les nations et leurs législateurs ont toujours pris pour bases les institutions pratiquées pendant une longue suite de temps, les usages de leurs ancêtres. Cette règle paraît, en effet, assez conforme aux règles du sens commun et d'une sagesse éclairée; mais les hommes nouveaux qui depuis vingt-cinq ans se mêlent de nous constituer, s'imaginent que la France n'existe que depuis leur première apparition sur l'horison politique; ils ont toujours l'air de croire qu'avant qu'ils ne prissent la peine de nous régénérer nous étions soumis à un esclavage avilissant, que tout était chaos, arbitraire, et confusion; parce qu'alors ils n'étaient rien, absolument rien. La France était aussi réduite à l'état de bassesse dans lequel la plupart d'entr'eux végéteraient encore si la révolution ne les avait pas fait pulluler. Semblables au fameux Procuste, ils mutilent, détruisent ou modifient les usages, les opinions les plus respectables aux yeux d'une nation, pour les adapter à la forme de leurs conceptions. En un mot, ils ne datent notre existence que de l'époque de leur premier délire; mais les bases sacrées de la prospérité d'un grand peuple, les sages coutumes de nos ancêtres, ces fondemens indestructibles de notre monarchie, se sont maintenus dans l'opinion publique, les révolutions passent,

les novateurs disparaissent et ne font qu'effleu-
rer ces antiques usages que les siècles ont im-
primé sur le sol de la patrie : tels ces rochers,
aussi anciens que le monde, demeurent intacts
au milieu des flots agités de la mer. Louis XVIII
en exerçant le pouvoir constituant ne fit donc
que se conformer aux lois fondamentales de la
monarchie ; et comme il est de principe que
dans un état monarchique le pouvoir du prince
représente la totalité de la souveraineté lorsqu'il
n'existe encore aucuns pouvoirs intermédiaires
ou constitutionnels, le Roi qui à son arrivée en
France se trouvait parfaitement dans ce cas, a
donc pu concéder à la Nation une partie des
droits quelle avait reconnus en lui ou qu'il en
avait reçus lorsque les circonstances et le vœu
national le rappelèrent sur le trône de ses ancêtres ; mais, a-t-on répété *jusqu'à satiété,*
Louis XVIII fut rappelé par le Sénat, sous la
condition d'accepter une constitution déjà décré-
tée. Hommes à grandes conceptions, métaphy-
siciens, politiques, vous tous enfin qui depuis
vingt-cinq ans nous immolez à vos opinions et
à vos principes, soyez au moins conséquens une
fois. Je vais vous parler principes : le sénat était-
il un pouvoir constituant ? Non, sans doute, il
ne l'était pas .... Avait-il le droit de disposer
du trône ? encore bien moins, et Bonaparte lui-
même n'a pas manqué de lui reprocher ce vice
de forme. Ce n'est donc pas le sénat de Bonaparte qui rappela Louis XVIII au trône : le
Roi y serait remonté sans lui, comme il y re-
vient aujourd'hui malgré nos prétendus représentans. Ce sont des circonstances extraordinaires, et encore plus le vœu national fortement
prononcé de toutes parts, qui forcèrent le sénat
à faire pour la première fois un acte raison-

nable, à devenir l'interprète de la nation. De bonne foi, peut-on supposer qu'un Bourbon, que le frère de Louis XVI se crût redevable de la couronne à des conventionnels de 93, aux sénateurs de Bonaparte?. . . . .
Cela serait par trop ridicule. L'acte par lequel le sénat rendait le trône au roi légitime a donc paru ce qu'il était, nul et dérisoire dans le fond et la forme. La constitution émanée de ce corps portait en elle-même un caractère si extravagant, des stipulations si personnelles, que beaucoup de personnes ont été tentées de croire que c'était une mystification que l'on avait voulu faire au sénat. En supposant même que le sénat eût le moindre droit à constituer, le roi aurait dû rejeter sa constitution, parce que dès son principe elle excita une indignation générale, et redoubla, s'il est possible, le mépris qui, depuis long-temps, était le partage du sénat. Louis XVIII a donc eu égard au vœu du peuple en ne faisant aucun cas de ce pacte réprouvé; il a respecté les droits de la nation en reconnaissant les bornes qu'elle avait prescrites à ses mandataires, et en usant de tous ceux qu'elle lui déléguait dans l'acclamation unanime de son rappel. Il n'a jamais plus honoré la France qu'en manifestant par sa conduite qu'il n'avait aucune obligation à l'odieux sénat de l'ex - empereur. D'ailleurs le Roi, avant de publier cette charte, avait reçu au pied de son trône les félicitations de son peuple; de tous côtés il avait recueilli de nombreux témoignages d'amour pour son auguste personne, et de haine pour ce sénat qui prétendait avoir donné un roi à la France. Jamais il ne se mêla à ces démonstrations unanimes aucune demande de telle ou telle constitution. Le peuple, rempli de confiance dans son

Roi, n'attendait de lui que des bienfaits, et son attente ne fut point trompée. En supposant encore une fois que toute souveraineté réside dans le peuple, le prince, dans son état, est le représentant né du peuple; c'est un principe consacré par nos plus grands publicistes, et en usage dans les pays les plus civilisés. Il le fut long-temps en France avant que le tiers-état fût admis aux états-généraux, dans les anciens champs-de-mai, dans le parlement même; le roi représentait le peuple. Ce principe formait la base des constitutions de Venise et de Pologne, où le doge et le roi étaient les seuls représentans du peuple admis dans le sénat et aux diètes; il est encore adopté dans tous les royaumes où la noblesse seule siége aux états. Or Louis XVIII, dans la position où il se trouvait en 1814, avait de plus que les simples députés et la nation, le pouvoir constituant, comme je l'ai prouvé plus haut, et par conséquent il devait en user. On a fait sonner bien haut le droit que Louis XVIII *s'arrogea* d'être roi par sa naissance, et de dater ses actes de la 19ᵉ année de son règne. Mais quelle fut donc la cause du rappel de Louis XVIII? La nation avait-elle assez connu ce prince pour savoir qu'il était le plus sage des rois? Non sans doute. La France, par une espèce d'inspiration unanime, l'appela préférablement à tout autre, parce qu'il était du sang de ses anciens maîtres, et que depuis dix-neuf ans il était susceptible de régner. Qu'y a-t-il donc de surprenant que Louis prît des qualifications que la nation reconnaissait hautement elle-même? Il ne fit en cela que céder encore au vœu national.

Je ne parlerai pas de la charte constitutionnelle; tous les partis conviennent que c'est un monument de sagesse et de lumières, et que la liberté publique ne peut avoir de bases plus solides. Jamais les deux ou trois mille législateurs qui nous ont constitués jusqu'à présent n'ont fait aussi bien qu'un seul Roi animé d'un véritable amour pour ses sujets. Il faut avouer que, quand bien même on s'obstinerait à contester au Roi de France le pouvoir constituant, on ne peut en user plus généreusement que Louis XVIII.

CHAPITRE V.

Du maintien de la Charte. De la Féodalité.
Des Priviléges.

FEINDRE beaucoup de défiance dans les promesses du Roi ; avoir l'air de croire que le monarque ne peut être de bonne foi ; répandre parmi les citoyens des craintes, des défiances sur le maintien de leurs droits politiques, et de leurs propriétés, est une méthode qui n'est pas nouvelle, nos républicains l'ont employée avec succès sous le règne constitutionnel de Louis XVI, et c'est avec cette manœuvre qu'ils ont traîné ce prince infortuné sur l'échafaud. Fidèles à leurs principes, les vétérans de la révolution, unis cette fois aux adhérans de Bonaparte, ont remis en œuvre leurs grands expédiens, et leurs journaux, leurs pamphlets, devinrent les recueils de leurs impostures ; profitant des moindres circonstances pour égarer l'opinion publique, rien n'échappa à leur microscope. Qu'un gentillâtre de campagne témoigne dans une foire de village quelques regrets de ne plus jouir des honneurs ou des revenus seigneuriaux , sur-le-champ l'ex-président du club de l'endroit ne manque pas de répandre , d'un air important parmi les cultivateurs , qu'il sait de bonne part que M. de .... n'a tenu tel propos que d'après une lettre de *ses parens de la cour* , dans laquelle on annonce positivement le rétablissement des droits féodaux ; le mot est lâché , le poison circule parmi ces imbécilles intéressés , et le but du parti est rempli. On m'a cité un homme de loi, qui jouissait d'un grand crédit parmi les paysans des environs, et qui répandit dans la campagne que le jour même où l'autorité de Napoléon fut reconnue , il avait vu chez l'imprimeur de la ville les premières épreuves d'une ordonnance portant rétablissement des dîmes et féodalités , et que c'était à la nouvelle de l'entrée de Napoléon à Paris que l'on devait la suppression de cette ordonnance. Qu'un ministre éclairé , et recommandable sous tous les rapports , monte à la tribune , pour attendrir les représentans de la nation sur le sort des victimes de la révolution ; que ce magistrat, pour intéresser davantage ses auditeurs , ne craigne pas de faire pressentir une grande vérité , c'est que la loi des confiscations , inique dans son principe , l'est encore davantage lorsqu'elle devient l'arme d'un parti exalté ; lorsqu'elle est décrétée au sein de l'anarchie , et qu'elle frappe ceux dont le crime consiste à être restés fidèles , dans le temps des proscriptions , au Roi que la France reconnaît aujourd'hui. Sur-le-champ le parti s'agite , des orateurs , dont la conduite a bien dévoilé depuis les véritables intentions , et dont le *patriotisme* est apprécié en ce moment *à sa juste valeur* , élèvent aussitôt la voix ; leur bouillant *civisme* recouvre son *ancienne énergie*, et ils s'empressent de reprendre cette *attitude* qui sauva *tant de fois la chose publique et les droits de l'homme* de l'atteinte des *profanes* ; ils exhalent de la tribune les défiances que doit *nécessairement* inspirer le discours *insidieux* d'un ministre ; leur inquiète sollicitude voit bientôt des dangers imminens pour la constitution, et leur scrupuleuse attention, les calcule même en prenant pour base des données *géométriques. Les amis du peuple* sont écoutés avec avidité par cette masse ignorante qui s'imagine qu'un député parle toujours bien, et sert la patrie chaque fois qu'il fronde la cour, n'importe pourquoi ni comment ; leurs discours volent dans les provinces, et y font naître des inquiétudes réelles auxquelles personne n'aurait pensé sans les rayons de lumière échappés de la tribune : tel un dieu irrité envoyait avec ses flèches, dans le camp des Grecs, la peste et tous les autres fléaux. C'est ainsi que la malveillance préparait de loin une nouvelle révolution ; les agitateurs, malgré tous leurs mouvemens, prévoyant que la nation ne deviendrait cependant jamais assez leur dupe pour faire encore des *journées* décisives, se déterminèrent à agir militairement, et rappelèrent Bonaparte.

Ce n'est pas aux auteurs du dernier désastre de la patrie que je demanderai sur quoi était fondée leur opinion perverse et leurs craintes ; je sais bien qu'ils n'en avaient aucune relativement aux intérêts du peuple, dont ils ne se sont jamais occupés, ils savaient bien tous que le retour des dîmes et de la féodalité était une chimère, même aux yeux des plus *encroûtés aristocrates*, pour me servir de leurs expressions ; et pour le démontrer aux personnes égarées par

de perfides insinuations , il me suffirait d'observer que la grande majorité de ceux qui sem-
blaient redouter le retour prochain de l'ancien
régime ne croyaient pas eux-mêmes que cela fût
possible ; leur conscience malade , leur ambition
trompée étaient les seuls griefs qu'ils avaient
contre le gouvernement royal ; ils prévoyaient
qu'un roi vertueux et irréprochable , que le frère
de Louis XVI finirait , tôt ou tard , par éloigner
des grands emplois ceux que le cri public lui
désignerait comme indignes par leurs excès révolutionnaires d'administrer l'empire des lis ; ils
sentaient bien que le plus doux espoir de la
nation était de voir le trône d'un Bourbon arrêter à jamais le torrent de la révolution. La France,
qui avait déjà tant de fois éprouvé les funestes
effets du génie inquiet de ces hommes trop fameux, ne les voyait pas sans inquiétude près de
son Roi ; elle craignait toujours quelques nouveaux mouvemens de leur part , et l'expérience
n'a que trop justifié cette appréhension ; ils sentaient que le Roi se rendrait enfin aux vœux de
son peuple , que le soin de la sûreté générale le
forcerait à les éliminer entièrement de toute
espèce d'emploi , et alors quels regrets amers !
Combien *de travaux* perdus ! Quelle fin , après
vingt-cinq ans de peines et d'agitations ! Le danger devenait de jour en jour plus pressant, il
fallait à tout prix renverser ce gouvernement
odieux , et pour y parvenir ils le calomnièrent.
N'espérant plus *révolutionner* encore au nom *de
la raison* et *des droits de l'homme ,* ils réveillè-
rent adroitement la haine que le peuple avait
manifestée *naguère* contre la noblesse ; ils se
gardèrent bien d'avouer que la noblesse avait
peut-être plus fait qu'eux tous dans le principe
de la révolution pour la véritable liberté ; qu'il

n'y a peut-être pas en Europe de corps plus éclairé . en général, que la noblesse française, plus ennemie de tous les préjugés gothiques ; et que si le gouvernement même voulait rétablir tous ces priviléges odieux aux peuples , la plus forte opposition serait peut-être venue de la part des nobles , parce qu'habitués depuis vingt-cinq ans à n'en plus jouir, ils en ont perdu l'habitude, et qu'ils se rappellent encore l'explosion de haine, de persécutions , qui fondit sur eux à l'époque de la révolution, et qui prenaient leurs sources dans ces priviléges. Je mets en fait que si le Roi avait pu rétablir les droits féodaux, il se fut trouvé bien peu de seigneurs qui aient osé s'exposer de nouveau à les recueillir, et chacun d'eux eut considéré une pareille loi comme un acte qui compromettait éminemment la sûreté de leur personne, de leurs propriétés. Les corrupteurs de l'opinion n'ignoraient point cette vérité ; mais dans quelques provinces, le peuple des campagnes ne fit aucune réflexion, et adopta facilement leurs impostures ; c'est ainsi que ces hommes dangereux préparaient un changement qui les aurait mis à leur place, c'est-à-dire près d'un gouvernement qui ayant partagé leurs crimes, aurait tranquillisé leurs esprits et satisfait leur ambition.

Comment, en effet, concevoir que le retour de la féodalité et des dîmes fût possible ? Peut-on citer une seule parole, un seul acte du Roi qui ait donné lieu à le supposer ? Le Roi pouvait-il, d'après sa charte, rétablir de pareils droits sans le consentement des chambres ? Et peut-on croire que ces corps y eussent consenti ? Les droits féodaux n'auraient-ils pas été une imposition foncière ? La charte dit positivement que cet impôt n'est consenti que pour un an :

il ne peut être renouvelé que par un budget discuté publiquement, article par article. Or, dans
quel budget les ministres du Roi, qui, sont
responsables, auraient-ils inséré de pareilles
clauses? S'ils l'avaient fait, comme l'impôt fon-
cier se répartit également sur tous, il aurait
donc fallu que le Roi abandonnât en pur don,
aux nobles et au clergé, une partie de cette
contribution que les paysans leur auraient
payée : et croit-on que la dette publique, les
dépenses des divers ministres, la liste civile
même, auraient pu se balancer avec un pareil
déficit? *Mais*, dit-on, *le Roi voulait renverser
la constitution!* Cette calomnie, qui est pure-
ment gratuite, et qui n'a pas plus de fondemens
que les autres, porte avec elle un degré de plus
d'absurdité. Pour me faire comprendre de ces
gens habitués à violer tous les sermens, à ne
connaître de l'honneur que le nom, supposons que
le Roi eût été capable de détruire son propre ouvrage, d'anéantir cette charte qui est, selon ses
propres expressions, son plus beau titre pour le
recommander à la postérité, pour qui se serait-il
exposé aux suites désastreuses de cet acte de violence? Ce n'est sans doute ni pour lui, ni pour
les princes de sa maison; car la charte conserve
au trône toute la splendeur et toute l'influence
qu'un Roi puisse désirer : ce serait donc pour
rendre des droits oubliés et odieux à un petit
nombre de personnes qui n'y pensaient plus
elles-mêmes, qui, la plupart, n'en avaient jamais joui, et qui ne les ont jamais redemandés;
c'est pour de si minces intérêts que le Roi se serait exposé au danger d'exciter un violent mécontentement parmi les cinq sixièmes de la nation, qu'il eût fait rétrograder le système finan-
cier et celui des contributions publiques dans un

labyrinthe inextricable, et tout cela en faveur de quelques individus qui en auraient été plus surpris que reconnaissans, plus embarrassés que satisfaits. Il faut avouer que le Roi aurait fait un acte législatif bien bizarre et preuve d'un genre de générosité tout-à-fait curieux! Avec un peu de bon sens, l'on prévoit bien que si le Roi ne pouvait faire cette démarche singulière dans les commencemens de son règne, elle eût été encore moins possible dans la suite, parce que, tous les jours, la constitution se sanctionnait de plus en plus par le Roi, et s'identifiait avec la nation.

Une inquiétude beaucoup plus sérieuse fut répandue parmi le peuple, et causa peut-être plus de mal que toutes les autres; je veux parler de l'inviolabilité de la vente des domaines nationaux. Il existe ici deux faits et deux principes : 1º Les biens des émigrés ont été vendus; 2º comment? 3º Le Roi a solennellement ratifié ces ventes; 4º pourquoi? Les domaines nationaux, après avoir été vendus, ont été, la plupart, revendus, rachetés, substitués, partagés, enfin ont subi depuis cette époque tous les changemens possibles des transactions civiles : dans cette hypothèse, on sent déjà que leur vente est inviolable par le fait, indépendamment de toutes les constitutions, de toutes les volontés du Roi. Mais cela ne détruit pourtant pas le vice moral de leur origine; cela n'empêche pas que la vente qui en fut faite dans le principe, ne porte en soi le caractère d'une spoliation inique et presque sans exemple; cela ne peut ôter aux décrets, en vertu desquels elle fut consommée, la tache d'illégalité dont ils furent frappés en naissant; cela e peut couvrir les abus monstrueux, je dirai même le brigandage, qui existèrent dans une infinité de communes, dont les agens firent un trafic scandaleux des propriétés confisquées, et les livrèrent à des acquéreurs qui n'en payèrent souvent pas le quart de la valeur ; ce n'est donc point la forme de ces ventes qui les rend inviolables, mais un argument beaucoup plus fort, la sûreté de l'Etat, le repos d'un grand tiers de la France, la crainte bien fondée d'une révolution qui serait peut-être aussi désastreuse que la première. C'est en conséquence de ces importantes considérations, que le Roi a solennellement garanti la vente des biens nationaux ; c'est parce que le gouvernement, le plus fort qu'on puisse imaginer, échouerait à détruire ces transactions ; c'est, en un mot, parce qu'il sera toujours physiquement impossible d'y porter atteinte, que le roi a juré de ne point le faire, et que tous ses actes, toutes ses paroles, prouvent qu'il est convaincu de ces grandes vérités et fermement décidé à s'y conformer. Il me semble que si la plupart des propriétaires de domaines nationaux avaient voulu quelquefois faire ces réflexions, ils auraient eu honte de leurs inquiétudes. On sent bien que le Roi, avec toute son autorité, ne pouvait rendre juste un principe inique et illégal ; il n'a pas pu le prétendre : tout ce qu'il pouvait faire, tout ce qu'on était en droit de lui demander, était de reconnaître que le temps, les diverses circonstances avaient tellement consolidé les résultats de ce principe, qu'il était de son devoir de sanctionner ces mêmes résultats et de consolider l'existence de dix millions de Français intéressés dans les domaines nationaux. Les biens nationaux, qui ont pour ainsi dire fusé dans la masse de la nation entière, ne pourraient plus en être distraits sans exciter les plus violentes commotions dans le corps politique : les finances , le crédit public, les intérêts généraux et particuliers, le Roi lui-même, se ressentiraient d'une mesure aussi insensée ; et si , d'après les subdivisions infinies qu'ont éprouvées les propriétés nationales , le nombre des anciens possesseurs est aux nouveaux comme quatre est à quatre-vingts, on voit à quels dangers s'exposerait le gouvernement pour gratifier, sans y rien gagner lui-même, une petite masse d'individus aux dépens d'une population entière. C'est donc bien à tort que les acquéreurs se sont livrés à des craintes chimériques. Leurs propriétés sont défendues non-seulement par la charte , par les pairs , les députés de la nation , la nation elle-même , les intentions bien connues du Roi , mais encore par la position même où se trouvent ces propriétés. *Mais*, ajoute-t-on, *d'où vient que le prix des propriétés nationales a beaucoup baissé sous le Roi , et que les acquéreurs ne trouvaient plus à emprunter sur leurs biens?* Les propriétés, comme toutes les autres valeurs , sont sujettes à des fluctuations ; le vice qui a entaché l'origine des ventes nationales , et dont j'ai parlé plus haut , n'a jamais cessé d'influencer plus ou moins l'opinion publique. Cet effet a dû se faire sentir davantage sous Louis XVIII, parce que, malgré toutes les précautions de ce prince, la malveillance ne cessait de jeter des doutes sur ses intentions : il était lui - même victime de ces perfides insinuations, bien loin d'en être cause. Ces manœuvres avaient même égaré l'opinion et réveillé les regrets de plusieurs anciens propriétaires ; et il n'en fallait pas davantage pour opérer cette baisse dont on se plaint. Mais, à considérer les choses sous un point de vue général , on ne s'est jamais imaginé que tel ou tel fonds est sur le point de manquer, parce que sa valeur diminue : une nouvelle politique, souvent mal fondée, fait hausser ou baisser les actions de la banque, les rentes du grand - livre, les effets d'une maison de commerce ; cependant personne ne craint, pour cela, que la banque ou le gouvernement fassent banqueroute. Les possesseurs de biens nationaux se trouvaient dans une position semblable : leurs véritables ennemis, les dé-préciateurs de leurs biens, étaient seulement ces agens de malveillance qui, en semant des craintes sur les dispositions du Roi et le main-tien de la charte, empêchaient le Roi et la charte de les protéger. Ces propriétaires, d'ailleurs, ne devaient-ils pas se trouver heureux d'être enfin délivrés de toute inquiétude, et de se voir irré-vocablement maintenus dans leurs biens préci-sément par le pouvoir dont le retour les avait jusqu'alors alarmés, et qui seul avait le droit le plus légitime à consolider leur existence ?

La nécessité de conserver la paix publique, d'éviter toute réaction dangereuse, avait de même porté le Roi à prononcer dans sa charte un oubli général du passé : il a sans doute reli-gieusement observé sa parole ; il n'a pas même écouté l'opinion publique, les vœux de son peu-ple : sa clémence plus qu'humaine s'est portée jusque sur les meurtriers d'un Roi que la France pleurerait encore, si celui que le ciel nous a rendu n'en rappelait les vertus. On aurait dû s'attendre que ces malheureux garderaient un silence prudent, et cacheraient leurs fronts dans la poussière à la vue du triomphe de la vertu ; mais leur audacieuse insolence ne considère la bonté du Roi que comme un acte nécessaire : que dis-je ? ils auraient voulu que le Roi ne pro-nonçât pas leur *pardon*, mais qu'il approuvât leur

conduite !.... Oui, ils avaient cette abominable
pensée ; oui, ce désir criminel est la plaie secrète
de leur cœur. Habitués à recevoir des récompenses
pour leurs crimes, ils frémissaient de se voir dans
l'impossibilité d'en commettre de nouveaux, et
de sentir leur conduite justement appréciée.
Leurs yeux égarés avaient fixé avec rage le char
triomphal du frère de Louis XVI ; et ils se rap-
pelaient qu'au temps de leur funeste grandeur,
leurs mains conduisaient le char des proscriptions.... Un criminel espoir.... Mais laissons ces
hommes odieux ; leurs craintes, leurs inquiétudes n'intéressent personne : rayés du nombre
des Français, leurs noms ne peuvent réveiller
que des souvenirs affligeans. La plupart d'entre
eux viennent encore de se mettre dans le cas
d'avoir besoin d'un grand acte de clémence.

Enfin, pour compléter le système de la malveillance, on a répété *que le Roi seul s'était en-
gagé par sa charte, et qu'elle n'était point obli-
gatoire pour ses successeurs.* Il faut n'avoir point
lu nos annales, il faut n'avoir aucune connaissance de la nature des institutions constitutionnelles, pour soutenir une pareille proposition.
Les successeurs de Philippe-le-Bel sont-ils revenus sur l'admission du tiers-état aux états-généraux? ceux de Louis XI sur l'affranchisse-
ment des communes? Les descendans de Louis-
le-Gros, de saint Louis, de Charles V, de Fran-
çois Ier, enfin de tous les rois qui ont promul-
gué et établi quelques mesures constitutionnelles, ont-ils pu abroger les institutions de
leurs devanciers? Non, sans doute, parce que
l'on ne donne pas impunément telle ou telle direction à un peuple, parce que l'opinion publique est la reine des rois, et qu'elle s'identifie
avec les institutions nationales, avec les fonde-

mens de la société. Ceci est une vérité incontestable, et qui est prouvée par l'exemple de tous les peuples. Les empereurs romains, malgré leur despotisme, leur cruauté, n'osèrent point toucher aux dignités consulaires, au sénat, aux magistratures curules, parce que ces dignités ayant fait long-temps la sauve-garde du peuple, s'étaient pour ainsi dire incorporées avec lui. Depuis que le roi Jean, en Angleterre, signa la grande charte, depuis que les Anglais sont gouvernés par des formes parlementaires, jamais ni les rois, ni leurs ministres, n'ont pensé à les détruire. Je sais bien que le sénat, les consuls sous les empereurs, le parlement sous les rois d'Angleterre, ont vu souvent leur influence paralysée par l'ascendant du diadême ; mais c'est un malheur qui tient à notre imperfection. Je crois que l'on a assez éprouvé, assez discuté les constitutions en tous pays, pour savoir que l'on ne peut éviter ce défaut sans tomber ou dans les excès de l'anarchie, ou dans ceux du despotisme. C'est un mal inévitable. C'est à ce point que sont placées les bornes de la sagesse humaine : mais du moins si jamais pacte constitutionnel a été susceptible d'obvier à ces inconvéniens, c'est, sans contredit, celui que nous a donné le Roi ; il porte un caractère d'autant plus durable et indestructible, qu'il est parfaitement en harmonie avec les lumières et les opinions du siècle. Ce sont ces mêmes opinions, ces mêmes lumières qui déterminent dans ce moment les autres monarques de l'Europe à donner une constitution : comment donc supposer que la seule volonté d'un souverain puisse faire ainsi rétrograder l'opinion générale de son siècle en détruisant un des chaînons de cette harmonie qui règne chez tous les peuples sous le rapport des lumières et des idées libérales, uniformité qui contribuera, n'en doutons point, à cimenter la paix de l'Europe ? Ce serait une entreprise au dessus de l'humanité ; car alors ce souverain aurait personnellement à lutter contre la ligue la plus forte qui puisse se former contre un Roi, l'opinion de ses sujets jointe à celle de toutes les autres nations : tôt ou tard il succomberait ; car une pareille position amènerait infailliblement les causes de sa chute. Les choses en sont même venues à un tel point depuis un demi-siècle, que les rois ne peuvent trouver de rempart plus solide contre les atteintes que l'on voudrait porter à leur puissance que les formes constitutionnelles : ils en ont peut-être plus besoin que leurs peuples. C'est au moment où la dignité royale a perdu de son éclat par suite de nombreux attentats dirigés contre elle, qu'elle a besoin de revenir à ses premiers principes et de rendre aux peuples leurs anciennes immunités, afin qu'ils n'en fassent plus la recherche ; mouvemens qui, dans la période où nous sommes parvenus, ne peuvent être que fort dangereux pour le Roi et la nation. On a dit, il y a long-temps, qu'un trône constitutionnel était indestructible : cette maxime, qui pouvait être alors une simple idée de théorie, est devenue aujourd'hui un principe dont la pratique est indispensable.

CHAPITRE V ET CONCLUSION.

Calomnie atroce.

O FUNESTES agitations d'une haine aveugle ! Audacieuse obstination du crime ! Par quel étrange renversement d'idées, ces hommes flétris par de nombreux forfaits, ne se contentent-ils pas de fuir la vertu, dont l'éclat les anéantit, mais s'efforcent dans leur rage envieuse de l'accabler, en l'associant à leurs crimes ! Telles sont les réflexions, que ceux qui n'ont pas encore perdu tout sentiment de pudeur, ont faites à la lecture de l'exécrable pamphlet inséré dans le 6e volume d'un ouvrage connu depuis long-temps par les opinions séditieuses et alarmantes dont il fut souvent le dépositaire. C'est le monument le plus effrayant peut-être du règne éphémère que Bonaparte vient de finir de nouveau ; c'est la preuve la plus complète de ce système atroce de calomnies, que les artisans de nos désastres suivent depuis long-temps, c'est le témoignage irrécusable de cette conspiration parricide dont ils n'ont jamais abandonné les bases depuis vingt-trois ans. Eh ! quoi donc, malheureux, écrasés sous le poids terrible de vos crimes et par l'ascendant de la vertu triomphante, vous essayez encore de soulever vos têtes dévouées à la malédiction des peuples, vos bouches infernales exhalent encore des poisons ! Tels la fable nous représente les

Titans, s'agiter sous le poids des montagnes dont le maître des dieux les a accablés, et vomir par le cratère de l'Etna l'incendie et la mort. Ce n'est donc plus une haine raisonnée qui vous anime, c'est la rage, le désespoir du crime vaincu. Pouviez-vous croire que la France et le monde entier seraient dupes de cette calomnie? N'est-il pas évident que vous la méditiez depuis vingt ans, et que vous n'auriez pas manqué de la publier *aux beaux jours de votre gloire*, si la fabrication en avait été achevée? N'est-il pas démontré que vous l'aviez préparée pour la faire circuler clandestinement sous le règne de Louis XVIII, et qu'elle aurait été le complètement de votre système de diffamation contre ce gouvernement? Des circonstances ont amené plutôt que vous ne l'espériez vous-mêmes, le triomphe momentané de votre cause, et vous vous êtes empressés d'en profiter, pour donner plus de publicité à cette infâme imposture, en la consignant dans un ouvrage périodique dont les rédacteurs mêmes, en la publiant, paraissent avoir cédé à quelque violence. Pensez-vous que la France ajouterait foi à tous ces faits, à toutes ces pièces que vous rapportez, et qui sont toutes puisées dans des documens solennellement désavoués comme faux depuis vingt-trois ans; qui sont fondés sur des papiers dont la collection a déjà servi à consommer un exécrable parricide, et que votre illustre victime avait hautement désavoués, au sein de votre assemblée, dans son testament de mort et sous le glaive des bourreaux? Croyez-vous que nous sommes assez aveugles pour ajouter foi à ces faits, dont la plupart ne sont appuyés que de votre seule assertion, et par les conjectures d'un jacobin détenu, dont vous nous rapportez sérieusement la conversation avec un autre de ses pareils, comme une pièce de conviction ? Ne sommes-nous pas habitués à vos impostures *patriotiques* ? Pouvez-vous nous offrir encore votre parole d'*honneur*, comme une preuve ; vos *opinions*, comme des lumières ; et vos *dénonciations*, comme des faits ? Ne savons-nous pas le motif qui vous anime ? Ne connaissons-nous pas l'horrible soif qui vous dévore ? Et sera-ce aujourd'hui que nous admettrons vos *rapports*, que nous ajouterons foi à vos soupçons, que nous admettrons même vos *sermens*, pour croire des choses qui n'ont évidemment d'autre fondement que ces bases plus que suspectes ? Il me suffirait d'entrer dans la discussion détaillée de l'écrit que je signale ici à l'indignation publique, pour prouver que les calomnies qu'il renferme n'ont d'autres principes ; mais je croirais proférer un blasphême, en disant qu'il est nécessaire de le réfuter ; cette idée seule révolte.....! Abandonnons plutôt ces malheureux et leurs infâmes écrits à la vindicte publique, ils ont lassé la clémence la plus inépuisable ; et si la justice humaine hésite à les atteindre, espérons qu'il existe encore dans le ciel des carreaux vengeurs réservés pour de tels crimes.

Je viens d'embrasser, à peu près, le système de calomnie et de manœuvre qui ont formé les bases de la conspiration tramée depuis un an contre la patrie ; puissé-je avoir réussi à rassurer les esprits égarés par ces funestes insinuations ! puisse la voix d'un véritable ami de la patrie prévaloir contre les cris de la malveillance ! puissions-nous être bien convaincus que

les bases de notre liberté, de nos droits politiques sont autant défendus par les intentions
loyales de la dynastie qui nous gouverne, que
par l'état des choses, et la marche irrésistible
du siècle !

Que la nation française, déjà unanime par
ses vœux en faveur de l'événement qui nous
rend la paix, le soit aussi dans sa confiance
envers son prince : jamais souverain ne la mé-
rita mieux ; que tous les partis oublient leurs
opinions, qu'il n'en existe plus qu'une, le désir
de sauver la patrie, nous atteindrons ce but
vraiment national, en nous ralliant autour du
plus sage, du meilleur des Rois.

FIN.